BEI GRIN MACHT SICH IHR
WISSEN BEZAHLT

- Wir veröffentlichen Ihre Hausarbeit,
  Bachelor- und Masterarbeit

- Ihr eigenes eBook und Buch -
  weltweit in allen wichtigen Shops

- Verdienen Sie an jedem Verkauf

Jetzt bei www.GRIN.com hochladen
und kostenlos publizieren

Helene Erwin

Variabel unterrichten - Was wissen wir über die Wirksamkeit von Methoden?

GRIN Verlag

Bibliografische Information der Deutschen Nationalbibliothek:

Die Deutsche Bibliothek verzeichnet diese Publikation in der Deutschen National-
bibliografie; detaillierte bibliografische Daten sind im Internet über http://dnb.d-
nb.de/ abrufbar.

Impressum:

Copyright © 2009 GRIN Verlag, Open Publishing GmbH
Druck und Bindung: Books on Demand GmbH, Norderstedt Germany
ISBN: 978-3-640-74221-9

Dieses Buch bei GRIN:

http://www.grin.com/de/e-book/159689/variabel-unterrichten-was-wissen-wir-ueber-
die-wirksamkeit-von-methoden

GRIN - Your knowledge has value

Der GRIN Verlag publiziert seit 1998 wissenschaftliche Arbeiten von Studenten, Hochschullehrern und anderen Akademikern als eBook und gedrucktes Buch. Die Verlagswebsite www.grin.com ist die ideale Plattform zur Veröffentlichung von Hausarbeiten, Abschlussarbeiten, wissenschaftlichen Aufsätzen, Dissertationen und Fachbüchern.

Besuchen Sie uns im Internet:

http://www.grin.com/

http://www.facebook.com/grincom

http://www.twitter.com/grin_com

Variabel unterrichten -
Was wissen wir über die
Wirksamkeit von Methoden?

Inhaltsverzeichnis

Variable unterrichten – Was wissen wir über die
Wirksamkeit von Methoden?

1. Einleitung

Mischwald ist besser als Monokultur.
– Aber Achtung: nicht jedes Gehölz eignet sich dafür.
– Es gibt Baumarten, welche sich gegenseitig nicht gut tun.[1]

1985 war 3/4 des Sekundarstufenunterrichts in Deutschland Frontalunterricht. Von diesem Wert waren 2/3 dem gelenkten Unterrichtsgespräch zuzuordnen.[2] Bis heute hat sich an dieser Tatsache jedoch nur wenig geändert.

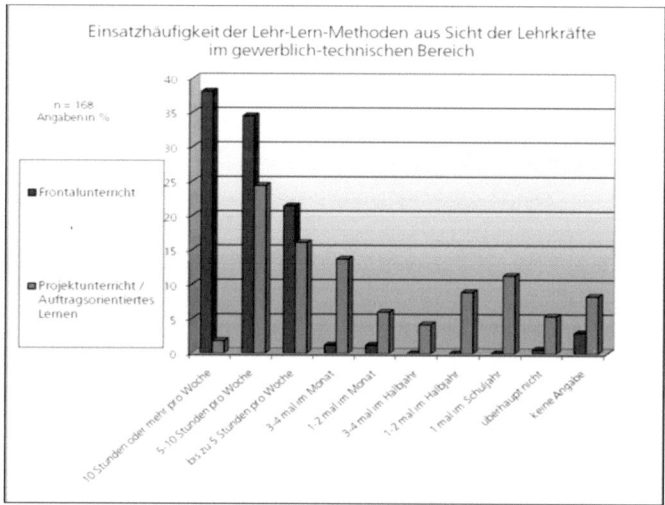

Abb. 1: Einsatzhäufigkeit der Lehr-Lern-Methoden aus Sicht der Lehrkräfte im gewerblich-technischen Bereich (modifiziert nach PÄTZOLD u. a. 2003, 85)

Wir müssen also über mehr Variabilität im Unterricht verfügen.

Die Variabilität[3] ist in zwei unterschiedliche Aspekte gliederbar. Die Variation der Aufgabenstellungen, der Lernweg und -umgebungen für Schülerinnen und Schüler beinhaltet

---

1 Meyer, Hilbert: Leitfaden Unterrichtsvorbereitung.
2 Hage, Klaus: Das Methodenrepertoire von Lehrern. Opladen (1985)
3 Variabilität: Räumliche oder zeitliche Veränderbarkeit/Wandelbarkeit eines Gegenstandes.

3

unter anderem die Lerner-Heterogenität, Methodenvielfalt und innere Differenzierung. Unter der Variation der Handlungsroutinen der Lehrerinnen und Lehrer versteht man beispielsweise die Experimentierlust und biografisches Lernen.

In dieser Ausarbeitung wird nach der oben angesprochenen Zweier-Gliederung der Variabilitäten verfahren. In Kapitel 2 wird das didaktische Sechseck angesprochen und in Bezug auf den Aspekt der Methodenvielfalt untersucht. Die Variation von Aufgabenstellungen spielt dabei die prägende Rolle. Variationen der Handlungsroutine in Form von Förderung des Lernerfolgs wird im darauf folgenden Kapitel angesprochen. Das Basismodell Osers dient hierbei als Beispielunterteilung und wird abrissartig vorgestellt.

Zusammenfassend wird der Lehrer- und Schülerbezug in Kapitel 4 in punkto Methodenvielfalt untersucht, bevor abschließend ein Fazit gezogen wird.

Diese Ausarbeitung beruht als Primärquelle auf dem Artikel „Variabel unterrichten – Was wissen wir über die Wirksamkeit von Methoden“ aus der Fachzeitschrift Pädagogik 10/07, sowie Ergänzungsliteratur.

2. Das didaktische Sechseck

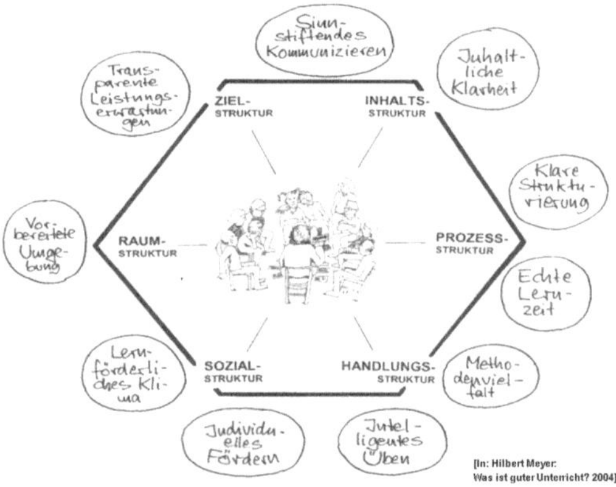

[In: Hilbert Meyer: Was ist guter Unterricht? 2004]

Das Didaktische Sechseck zeigt die 10 Kriterien guten Unterrichts nach Hilbert Meyer auf. Die verschiedenen Ecken bestehen aus den einzelnen Strukturen, die einen guten und ertragreichen Unterricht prägen. Unvorhersehbare Wechselwirkungen und eine gewisse Vielfältigkeit zwischen den jeweiligen Ecken führen zu einer interessanten Neu- und Umgestaltung des momentanen Unterrichts. Diese Variabilität birgt jedoch auch risikoreiche Gefahren, die plötzlich und ungeplant auftauchen können. Wichtig ist somit die schrittweise Variation der einzelnen Ecken und kein abruptes Umgestalten durch das gleichzeitige Angehen aller sechs Ecken.

Auf den sechsten Bereich, den der Methodenvielfalt, wird im Folgenden weiter näher Bezug genommen. Meyer versteht unter Methodenvielfalt den „Reichtum an Inszenierungstechniken; Vielfalt der Handlungsmuster; Variabilität der Verlaufsformen und Ausbalancierung der methodischen Großformen".[4] Dieser wird in den Bereich der Handlungsstruktur eingeordnet. Neue Methoden sollen erfunden und erprobt werden, um den Schülern[5] das Maximum an Lernstoff mit dem Maximum an Effektivität zu lehren. Der Aspekt der Abwechslung und auch gewisses Vergnügen in den Augen der Schüler erhöhen nicht nur das klasseninterne Lernklima, sondern auch die Lernbereitschaft und den späteren Ertrag enorm. Nicht zu vergessen ist hierbei der Aspekt der Berufszufriedenheit des Lehrers[6], denn so ist er experimentierfreudiger und öfters bereit zu neuen Unterrichts- und Lehrmethoden.

Wichtig ist jedoch zu beachten, dass die Methoden sinnvoll und in Maßen angewandt werden sollen. Der unorganisierte Einsatz von unterschiedlichen Unterrichtsmethoden kann für den Lernerfolg eher hinderlich als erfolgreich sein. Dabei gibt es keine richtigen oder falschen Methoden. Die Umsetzung ist hierbei entscheidend. Die einzelnen Stunden werden durch den Lehrkörper in Bezug auf das zu lehrende Subjekt individuell gestaltet und der Automatismus innerhalb der Unterrichtsstunde wird dadurch verhindert. „Direkte Instruktionen [erzielen] bessere Ergebnisse [...], wenn Elemente offenen und selbstregulierten Lernens

---

4 http://www.fachdidaktik-einecke.de/1_Unterrichtsplanung/h_meyer_guter_unterricht.htm; Hilbert Meyer: Was ist guter Unterricht? Berlin: Cornelsen 2004, Kap. 1.4, 2.1
5 Im Folgenden wird von *Schülern* gesprochen, was nicht als Diskriminierung des weiblichen Geschlechts zu sehen ist, sondern als Verallgemeinerung fungiert.
6 Im Folgenden wird von dem *Lehrer* gesprochen, was nicht als Diskriminierung des weiblichen Geschlechts zu sehen ist, sondern als Verallgemeinerung fungiert.

hinzukommen"[7], was auch gleichzeitig bedeutet, dass „der Offene Unterricht verbessert wird, wenn er durch Instruktionsphasen ergänzt wird."[8]

Gemeinsames Lernen der Schüler untereinander, wie beispielsweise im Gruppenunterricht, fördert nicht nur das selbstständige Lernen, sondern auch die sozialen Verhaltensformen. Wenn der Lehrer nur als Leiter, nicht als Kontrolleur agiert, sind gute, selbstständig erarbeitete Ergebnisse genauso zu erwarten wie beim Frontalunterricht. Direkte Instruktionen und Offener Unterricht fungieren gemeinsam als gutes Unterrichtsprinzip.

Eine weitere Möglichkeit, die jedoch noch nicht alle Lehrer für sich nutzen, ist die kooperative Arbeit mit den Schülern. Ein Statuswechsel findet statt, sodass die Schüler als Lehrperson agieren, um die Klasse zu unterrichten. Der Lehrer nimmt hierbei Platz im Plenum und beobachtet aus der Schülerperspektive die Geschehnisse. Bei scheinbar unlösbaren Problemen kann er jederzeit einschreiten und den Unterrichtsverlauf somit weiterhin in Gang halten. „Lernen durch Lehren" ist als weitestgehend erfolgreiche Unterrichtsmethode zu verzeichnen.

Unterricht gestaltet sich als besonders effektiv und interessant, wenn Schüler aus ihrem Vorwissen schöpfen können, um dem Problem zu begegnen. Gern werden auch aktuelle Bezüge hergestellt, um den Informationsfluss für das Plenum netter zu gestalten. Der Schüler befasst sich lieber und intensiver mit Sachverhalten, die ihn auch persönlich ansprechen und mit denen er einen persönlichen Bezug hat.

Als Beispiel kann die Thematik der Großstadt im Deutschunterricht mit expressionistischen Romanen wie *Berlin Alexanderplatz* von Alfred Döblin oder Popliteratur wie *Selam Berlin* von Yade Kara, aber auch mit Liedtexten wie *Schwarz zu Blau* von Peter Fox behandelt werden. Die unterschiedlichen Aufgabenstellungen machen all das möglich und erlauben einen gewissen Freiraum für Aktualität und Kreativität.

Fächerübergreifender Unterricht gewinnt seit ein paar Jahren einen immer größeren Stellenwert. Das Lehrerkollegium stimmt sich ab, dass Themenkomplexe zeitnah in einzelnen Fächern einer Klasse unterschiedlich betrachtet werden können. Im Kerncurriculum sind

---

7   Meyer, Hilbert (u.a.): Variabel unterrichten. Was wissen wir über die Wirksamkeit von Methoden? In: PÄDAGOGIK 10/07. S. 45.
8   Ebd.

Vorschläge erfasst, wie so etwas aussehen kann. Beispielsweise kann das Thema der Globalisierung und deren Auswirkungen in Sozialwissenschaften, aber auch gleichzeitig im Politik- und Deutschunterricht behandelt werden. Hierbei muss hinzugefügt werden, dass die Schwerpunkte selbstverständlich fächerintern anders gelegt werden, um kein Déjà-Vu-Erlebnis beim Schüler zu erwecken. Während sich der sozialwissenschaftliche Unterricht zum Beispiel mit dem In- und Export befasst, untersucht der Deutschlehrer mit seiner Klasse das Phänomen der Fremd- und Lehnwörter in der deutschen Sprache und wie genau diese dort hin gekommen sind.

3. Zwei-Ebenen-Modell

Es ist wichtig, dass beim Lehren von Schulstoff eine gewisse Struktur vorhanden ist. Diese besteht aus der Oberflächen- und der Tiefenstruktur. Die Oberflächenstruktur erweist sich auf dieses Zwei-Ebenen-Modell als beobachtbar und beinhaltet beim Unterricht alle Lehrhandlungen und Methoden. In Aufgaben angesprochene Objekte fallen unter diese Struktur. Die zugrundeliegende Tiefenstruktur befasst sich mit den detaillierten Handlungsketten und Operationen im Speziellen. Die Lösung einer Aufgabe beziehungsweise eines Problems findet in diesem Bereich statt

Als Beispiel können hier Sachaufgaben aus der Mathematik angebracht werden. Die eigentliche Aufgabe wird durch die Oberflächenstruktur verhüllt dargestellt, sodass der Schüler unabhängig vom Kontext befähigt sein muss, die eigentliche Aufgabe (Tiefenstruktur) zu entwickeln und sie selbstständig zu lösen.

Aufgaben können die gleiche Tiefenstruktur aufweisen, aber durch unterschiedliche Kontexte verschiedene Oberflächenstrukturen. Die Lösung eines gewissen Aufgabentypus bleibt die gleiche, auch wenn sich der Kontext der Aufgabe ändert.

3.1 12 Basismodelle nach Fritz Oser

Fritz Osers 12 Basismodelle[9] des Lernens fassen die methodischen Vorgehensweisen des effektiven Lernens und den entsprechenden Zielen zusammen. Diese einzelnen Modelle

---

9   Für die einzelne Auflistung der Basismodelle siehe Anhang.

lassen sich in vier Vorgehensweisen (1. Vorwissen/Erfahrungen aktivieren; 2. Beispiel durcharbeiten; 3. Grundsätze/Merkmale erfassen; 4. Begriffe/Konzepte anwenden und mit verwandten Begriffen vernetzen) gliedern. Welcher Bereich einzeln stärker oder schwächer betont wird, liegt im Ermessen des Lehrkörpers. Doch die Gestaltung und Steuerung durch den Lehrer ist zur richtigen Durchführung von Nöten, denn die Basismodelle müssen auf die Tiefenstruktur der jeweiligen Lernprozesse abgestimmt werden.

4. Fazit

Es gibt unterschiedliche Methoden, die für die Unterrichtsgestaltung wichtig sind.

- Methoden, wie Erkenntnis erworben wird;
- Methoden, wie gelernt wird;
- Methoden, wie der Unterricht strukturiert ist.

Die Neuropsychologie befasst sich mit den ersten Methoden, die anderen beiden Arten sind besonders interessant für die Unterrichtsgestaltung.

Wie wichtig vor allem die interessante Gestaltung des Unterrichts für den Schüler ist, weiß jeder, der in der Schule war. Nichts ist ermüdender, als täglich nur an seinem Pult zu sitzen und dem Lehrervortrag zu folgen versuchen. Durch Einzelarbeit wurde die allgemeine, im Raum herrschende Langeweile unterbrochen, um den Schüler selbst zu aktivieren. Doch wo bleibt die Kreativität und das selbstständige Lernen und Arbeiten, was überall so gelobt wurde? Die Unterrichtsgestaltung befindet sich momentan im Umschwung. Die Anteile an Frei- und Projektarbeiten sollten erhöht, der Frontalunterrichtsanteil dementsprechend gesenkt werden. Mit dem Wissen, dass Methodenvielfalt die Auffassungsgabe der Schüler steigert, verlassen die Lehramtsstudenten die Universitäten, um ein altes System umzuwerfen und den Schülern wieder mehr Spaß am Lernen zu vermitteln. Die junge Lehrerschaft hält Einzug in die Schulen und bringt variablen Unterricht mit sich.

Neue in Lerntheorien fundierte Methoden erfordern viel Experimentierlust des Lehrers, aber auch Neugier und gleichzeitig Verständnis durch die Schüler. Erprobungsphasen gibt es eben nicht nur durch in den Schulen in Bezug auf neue Schüler, sondern auch auf neue Unterrichtsmethoden. Die Rangordnung, dass der Lehrer allmächtig und die Schüler kein Mitspracherecht hat, wird durch eine gemeinschaftliche Arbeit beider Seiten abgelöst.

Schüler, die mitbestimmen und sich selbst aktiv ins Unterrichtsgeschehen einbringen können, lernen lieber und fördern gleichzeitig und vor allem nachhaltig ihre sozialen und kreativen Kompetenzen. Wenn eine Lerngruppe, bestehend aus Schülern und Lehrkörper, gegeben ist, fungiert der Lehrer seltener in seiner ursprünglichen Funktion, sondern ist mehr als Trainer zu sehen. Die Klasse arbeitet selbstständig und frei, während der Lehrer sie anleitet und unterstützt.

Jeder Lehrer hat für sich andere Definitionen von gutem Unterricht. Doch gewisse Punkte finden sich in nahezu allen Erwartungen der Lehrer an ihre Klassen, beispielsweise sollen natürlich gute Leistungen vorherrschen, die Schwächeren müssen gesondert gefördert werden, genauso wie die Persönlichkeit des einzelnen Schülers.

Wenn das entsprechende Klassenklima in einer Lerngruppe gegeben ist und dem Lehrer somit das Gefühl von Sicherheit in der Klasse, aber auch durch Unterstützung des Kollegiums vorherrscht, sollte der Weg nach neuen Unterrichtsmethoden ruhig beschritten werden. Im Vordergrund steht selbstverständlich die Vermittlung des Fachwissens, was jedoch auch mal anderes als durch Frontalunterricht und Einzelarbeit vermittelt werden kann.

Was wird also mit Methodenvielfalt erreicht?

Der erhöhte Lernerfolg bei Schülern ist empirisch bewiesen. Denn durch das freie und aktive Arbeiten und Mitgestalten sind die Schüler viel mehr involviert, als wenn sie ein fertiges Produkt präsentiert bekommen. Die einzelnen Kompetenzen der Schüler werden durch die Mitarbeit in der Gruppe gefördert und die individuellen Persönlichkeiten können sich entfalten. Bereits vorhandenes Vorwissen wird nicht durch ein Abwinken des Lehrers zur Kenntnis genommen, sondern kann mit in den Unterrichtsgestaltungsprozess einfließen. Aus dem „Lernen-durch-Lehren"-Prinzip resultieren nicht nur die schwächeren Schüler, sondern auch die stärken. Denn wer eine Problematik richtig erklären kann, hat sie verstanden. Gut inszenierte und passend aufeinander abgestimmte Methoden bereichern jeden Lernprozess. Unterschiedliche Inhalte mit den entsprechenden Zielvorgaben können so besser und individueller auf die Lerngruppe und dem gegebenen Lernumfeld angepasst werden.

Bildung ist ganz wesentlich auf offenere und handlungsbezogenere
Formen des Unterrichts angewiesen, die Selbstständigkeit,
Selbstbestimmung und Selbstverantwortung auf Schülerseite
fordern und fördern.

Wolfgang Schulz

Literaturverzeichnis

Meyer, Hilbert (u.a.): Variabel unterrichten. Was wissen wir über die Wirksamkeit von Methoden? In: PÄDAGOGIK 10/07.   S. 44-48.

Hage, Klaus (u.a.): Das Methodenrepertoire von Lehrern. Eine Untersuchung zum Unterrichtsalltag in der Sekundarstufe I. Opladen: Leske + Budrich Verlag 1985.

Lankes, Eva-Maria: Pädagogische Professionalität als Gegenstand empirischer Forschung. Münster (u.a.): Waxmannverlag 2008.

Meyer, Hilbert: Leitfaden Unterrichtsvorbereitung. Berlin: Cornelsen Verlag 2004.

Niegemann, Helmut M. (u.a.): Kompendium multumediales Lernen. Heidelberg: Springer Verlag 2008.

Therhart, Ewald: Lehr-Lern-Methoden. Eine Einführung in Probleme der methodischen Organisation von Lehren und Lernen. Weinheim: Juventa Verlag 1997.

Internetquellen:

www.ehb-schweiz.ch (Stand: 23.08.2009)

Abbildungen:

(1) www.bwpat.de/ht2008/ft03/gerlach/1.gif (Stand: 23.08.2009)

(2) http://work.popperschule.at/publikationen/bausteine/graphic/didaktischessechseck.jpg

(Stand: 23.08.2009)

Anmerkung:

Die Techniken zum wissenschaftlichen Arbeiten dieser Ausarbeitung stammen aus Moennighoff, Burkhard / Eckhardt Meyer-Krentler: Arbeitstechniken Literaturwissenschaft. 12. korrigierte und aktualisierte Auflage. Paderborn: Wilhelm Fink Verlag 2005.

Anhang

Basismodelle des Lernens und ihre Ziele nach Fritz Oser

1a. Lernen durch Eigenerfahrung. Ziel: Aneignung von Erfahrungswissen

1b. Entdeckendes Lernen. Ziel: Generalisierendes Lernen durch Suchprozesse in der Wirklichkeit

2. Entwicklungsförderndes Lernen. Ziel: Transformation von Tiefenstrukturen

3. Problemlösen. Ziel: Lernen durch Versuch und Irrtum

4a. Begriffsbildung. Ziel: Aufbau von memorisierbaren Fakten, von zu verstehenden Sachverhalten

4b. Konzeptbildung. Ziel: Aufbau von vernetztem Wissen.

5. Betrachtendes Lernen. Ziel: Meditative Versenkung.

6. Lernen von Strategien. Ziel: Lernen lernen (Metalernen)

7. Routinebildung und Training von Fertigkeiten. Ziel: Automatisierung.

8. Motilitätsmodell. Ziel: Transformation affektiver Erregung.

9. Aufbau dynamischer Sozialbeziehungen. Ziel: Bindungsentwicklung durch sozialen Verhaltensaustausch

10. Wert- und Identitätsaufbau. Ziel: Wertwandel, -klärung und -schaffung.

11. Hypertextlernen. Ziel: Konstruktion eigenständiger Vernetzungen.

12. Verhandeln lernen. Ziel: Herstellen von Konsens in Lebenssituationen.